Ricet

Col

Ricette per pen.

Cucinare con la pen.   ⌐ pressione

(Libro di cucina)

Ricettario della salute

Roberto Russo

Aldo Romano

TAVOLA DEI CONTENUTI

Capitolo 1 – Libro Di Ricette Per Pentola A Pressione

La maggior parte delle persone sono intimidite dal pensiero di preparare piatti complessi; non solo prende molto tempo ma in molti temono di sbagliare i tempi e di trasformare i loro pasti in disastri! Non c'è bisogno di preoccuparsi; con Cucinare con la pentola a pressione:pronto in trenta minuti o meno, potrete dimezzare i tempi di preparazione e semplificare i procedimenti, preparando comunque ottimi piatti.

Pollo Alla Cacciatora Rapido

Ingredienti:

- 2 scalogni a pezzetti
- Sale marino e pepe nero per condire
- Due lattine di pomodori organici schiacciati
- Un peperone verde privo di semi e a dadini
- Una/due tazze di brodo di pollo organico o di brodo vegetale
- 300 grammi di funghi affettati
- Olio d'oliva extravergine
- 4 petti di pollo disossati senza pelle
- 3 spicchi d'aglio macinati
- 2 cucchiai di concentrato di pomodoro organico
- Una confezione di olive nere snocciolate
- Prezzemolo fresco
- Peperoncino per insaporire

Come preparare

1. Mettete tutti gli ingredienti insieme.
2. Riscaldate l'olio nella pentola a pressione prima di aggiungere gli scalogni e i peperoni verdi a fuoco medio-alto, mescolando spesso, fin quando gli scalogni cominciano ad ammorbidirsi.
3. Aggiungete lentamente il brodo e fate bollire per sei minuti, raschiando il fondo per incorporare tutti i pezzetti dorati.
4. Adesso possiamo procedere al prossimo importantissimo passo.
5. Aggiungete i funghi e l'aglio e poggiate sopra il pollo prima di aggiungere i pomodori schiacciati. Non mescolate o si

rovinerà! Adesso aggiungete il concentrato di pomodoro.

6. Rimane solo un'ultima cosa da fare.

7. Chiudere il coperchio del fornello a pressione e usate la fiamma alta per portare ad alta pressione. Adesso abbassate il calore il più possibile per mantenere l'alta pressione e cucinate per otto minuti.

8. Spegnere la fiamma e lasciar cadere la pressione nella pentola scemi naturalmente prima di togliere il coperchio e aggiungere le olive, il peperoncino e il prezzemolo. Salate e pepate.

9. Adesso potete mangiarlo

Fantastiche Braciole Di Maiale Paleo

Quello che vi occorre:

- Due-tre cucchiai di olio di cocco divisi
- 2 cucchiai di burro
- Sale e pepe per condire
- Una cipolla affettata
- 3 braciole di maiale
- 1 tazza di brodo di pollo
- 170 grammi di funghi, a fette

Metodo di preparazione:

1. Mettete insieme tutti gli ingredienti.
2. Riscaldate la pentola a pressione a fiamma alta.
3. Usando il sale e il pepe, condite le braciole di maiale.

4. Adesso possiamo procedere al passo successivo più importante.

5. Quando la pentola a pressione è abbastanza calda, aggiungete un cucchiaio di olio di cocco.

6. Adesso aggiungete le braciole di maiale per dorarle su entrambi i lati ma assicuratevi di non riempire troppo la pentola.

7. Potrebbe essere necessario dorarle in due turni piuttosto che riempire troppo la pentola. Quando le braciole saranno dorate, toglietele dalla pentola e mettetele da parte.

8. Adesso aggiungete l'ultimo cucchiaio di olio di cocco nella pentola, poi aggiungete le cipolle e soffriggetele per due minuti.

9. Adesso aggiungete i funghi e soffriggeteli insieme alle cipolle

per due minuti. Aggiungete il brodo di pollo e assicuratevi di grattare dal fondo anche i pezzetti marroni per incorporarli alla mistura.

10. Rimettete le braciole nella pentola.

11. Adesso mettete il coperchio alla pentola e fate salire la pressione al massimo prima di abbassare la fiamma per mantenere la pressione. Cucinate per 10minuti.

12. Quando la cottura è completa, togliete la pentola dal fuoco e fate uscire rapidamente la pressione, con la valvola se possibile. Se non è possibile, aspettate che la pressione cali da sola.

13. Togliete le braciole e poggiatele su un piatto, che dovrete coprire per mantenerle

calde, e mettete la pentola sulla fiamma alta per ridurre la salsa.

14. Adesso rimane solo una cosa da fare.

15. Fate bollire la salsa per circa quattro minuti, aggiungete il burro e togliete la pentola dal fuoco.

16. Adesso potete servire le braciole di maiale con la salsa di funghi in cima.

17. Adesso potete mangiarle.

Straordinario Pudding Di Pane All'uvetta E Cannella Con Salsa Di Caramello

Quello che vi serve:

PUDDING

- 1/2 tazza di uvetta
- 2 uova sbattute
- 3 cucchiai di burro fuso
- 1/2 cucchiaino di cannella macinata
- 1/2 tazza di zucchero di canna
- 6 pezzi di pane alla cannella fatto a cubetti e tostato
- 1 cucchiaini di estratto di vaniglia
- 3 tazze di latte intero
- 1/2 cucchiaino di sale

SALSA

- 1/2 cucchiaino di sale
- 1/2 tazza di noccioline tostate e tagliate grossolanamente
- 1 cucchiai di panna da montare
- 1 di tazza di zucchero di canna
- 1 cucchiai di burro
- 1/2 di tazza di sciroppo di glucosio
- 1 cucchiaini di estratto di vaniglia

Istruzioni:

<u>PUDDING</u>

1. Mettete tutti gli ingredienti insieme.
2. Mescolate insieme burro, vaniglia, sale, zucchero, latte, uova e cannella in una scodella grande.
3. Una volta che avrete mescolate tutto perfettamente, aggiungete i

cubetti di pane alla cannella e l'uvetta al liquido.

4. Lasciate che il pane assorba le uova e il latte per circa ventidue minuti, mescolando insieme i cubetti di tanto in tanto.

5. Adesso arriva la parte più importante.

6. Adesso versate il pane inzuppato in una pirofila di vetro che entri all'interno della pentola a pressione e coprite con l'alluminio.

7. Si prega di versare 1/2 coppa d'acqua in uno pentolino e poggiate il pudding all'interno della pentola a pressione. Adesso bloccate il coperchio e poi cucinate a fiamma alta per circa ventidue minuti.

8. Quando avrete finito, usate il metodo di Rilascio Veloce per raffreddare il cibo. Una volta che la pressione si sarà regolata,

togliete il piatto dalla pentola a pressione.

9. Mettete il pudding in un forno preriscaldato a 170 gradi per 10 minuti per ottenere uno strato gratinato.

SALSA:

1. Mettete lo zucchero, lo sciroppo di glucosio, la panna, il burro e il sale in un pentolino a fiamma media.

2. Mescolate continuamente fin quando la salsa comincia a bollire.

3. Adesso rimane solo una cosa da fare.

4. Una volta che la mistura comincia a bollire, abbassate la fiamma e cucinate fin quando lo zucchero non si è sciolto.

5. Aggiungete la vaniglia e le noccioline; fatelo scendere a pioggia prima di servire.
6. Assaporate l'aroma e servite.

Fantastici Biscotti Al Formaggio In Pentola A Pressione

Quello che vi serve:

- 170 grammi di cheddar sminuzzato
- Sale quanto basta
- 1 cucchiaini di pepe nero fresco
- 1/2 tazza di formaggio cremoso
- 1 tazze di farina di mandorle
- Mezzo cucchiaino di bicarbonato
- 3 uova grandi
- 3 cucchiai di burro non salato

Metodo:

1. Mettete insieme tutti gli ingredienti.
2. Prendete un tritatutto e mettete la farina di mandorle e il

formaggio   sminuzzato
all'interno.

3. Adesso accendetelo fin quando
   la   mistura   sarà   finemente
   sminuzzata.

4. Si prega di prendere una ciotola
   di vetro e mettere il burro e il
   formaggio cremoso all'interno.
   Ma prima mettete il burro nel
   microonde   per   trentadue
   secondi o fin quando il burro si
   scioglie. Mescolateli.

5. Adesso possiamo procedere al
   prossimo   importantissimo
   passo.

6. Frustate le uova fin quando non
   diventano consistenti.

7. Mescolate   il   resto   degli
   ingredienti.

8. Adesso aggiungete la mistura di
   farina e formaggio e dategli la
   forma di un impasto.

9. Adesso mettete un cucchiaio
   pieno della mistura sulla carta

da biscotti poggiata su una padella.

10. Adesso aggiungete l'acqua nella pentola a pressione.

11. Mettete la pentola all'interno.

12. Adesso rimane solo una cosa da fare.

13. Coprite la pentola e accendete il fornello per circa otto minuti.

14. Rilasciate la pressione sollevando i fermi dopo aver spento il fornello.

15. Adesso potete mangiarli.

16. Coraggio!! Fidatevi di me.

Uova Sode Leggendarie Cotte Con La Pentola A Pressione

Quello che vi serve:
- 5 tazze di acqua
- 7 uova lavate

Istruzioni:

1. Mettete insieme tutti gli ingredienti.
2. Versate l'acqua nella pentola a pressione.
3. Adesso arriva la parte più importante.
4. Unite le uova e portate a bollore la pentola, poi abbassate la pressione e cucinate 6 minuti per ottenere uova sode.
5. Adesso rimane solo una cosa da fare.
6. Lasciate uscire la pressione e immergete le uova nell'acqua

fredda per interrompere il processo di cottura.

7. Adesso potete servire le uova fresche.

8. Adesso potete mangiarle.

Epici Fiocchi D'avena E Mandorle

Quello che vi serve:

- 1/2 tazza di noce di cocco a pezzi
- 2 cucchiaini di burro
- 1 cucchiaini di vaniglia
- Un pizzico di sale
- 1/2 tazza di mandorle affettate
- Una mezza tazza di fiocchi d'avena
- 2 tazze di latte di mandorla

Istruzioni:

1. Mettete tutti gli ingredienti in un posto.
2. Aggiungete i fiocchi d'avena e il resto degli ingredienti nella pentola a pressione.
3. Rimane solo una cosa da fare adesso.

4. Coprite la pentola e cucinate ad alta pressione per 10 minuti.
5. Quando sarà finito, servite i fiocchi d'avena, ma solo dopo aver rilasciato la pressione dal coperchio con molta attenzione.
6. Assaporate l'aroma e adesso potete servirlo.
7. Non pesa molto sulle vostre tasche, quindi che bello!

Costolette Di Maiale Cinesi Saporite Con Aglio

Questa è la ricetta principe.

Ingredienti

- 1 cucchiaino e 1/2 -1 di sale marino
- Uno-Due cucchiai di zenzero in crema o grattuggiato
- 1 cucchiaio e 1/2 - 1 di amino di cocco
- 2 cucchiaini di zucchero in grani
- ¼ di tazza di spicchi d'aglio, a fette o dadini
- 1/2 tazza di cipolle verdi tritate
- 1 cucchiaio e 1/2-2 di sherry secco
- 2 cucchiai di olio di sesamo
- 2 cucchiaino di salsa chili all'aglio
- 1 cucchiaini di pepe nero tritato
- 1 kg di costolette di maiale in pezzi da 2 centimetri

Preparazione

1. Radunate tutti gli ingredienti in un posto.
2. Frullate le parti intere dei vostri ingredienti in una grande ciotola. Ora dovreste aggiungere le costolette di maiale e mescolate bene.
3. Marinate per mezz'ora a temperatura ambiente.
4. Ora possiamo andare alla prossima fase, la più importante.
5. Ora aggiungete una tazza d'acqua e la mistura di costolette alla pentola a pressione.
6. Ora rimane una sola cosa da fare.
7. Alzate la pressione della pentola e cucinate per altri diciotto minuti. Infine fate sfogare naturalmente la pressione.

8. Versate il contenuto della pentola a decorate con le cipolle verdi tritate e, se volete, foglie di coriandolo.

9. Annusate il profumo e servite.

Deliziose Braciole Di Maiale E Cavolo In Salsa Di Funghi

Ingredienti
- 2 cucchiaini di sale marino grezzo
- 1 tazza di funghi a fette
- 1 di tazza di brodo di pollo a basso contenuto di sodio
- 1 piccolo cespo di cavolo (mezzo chilo)
- 2 cucchiaini di farina di mandorle
- 3 costolette di maiale tagliate spesse (7/10 cm)
- 2 cucchiai di olio extravergine d'oliva
- 2 cucchiaini di pepe nero macinato

Preparazione
1. Radunate tutti gli ingredienti in un posto.

2. Marinate le braciole di maiale con sale e pepe.

3. Tagliate il cavolo a metà e poi tagliate ogni metà in pezzettini da 7-9 cm e metteteli da parte.

4. Possiamo passare ora alla fase successiva, la più importante.

5. Usando l'olio d'oliva, ungete il fondo della vostra pentola a pressione e, senza mettere il coperchio, mettetela su un fornello acceso a fuoco medio-alto.

6. Una volta che la pentola si è scaldata aggiungete le costolette e doratele su un lato, poi spostatele su un piatto e mettetele da parte per un attimo.

7. Mettete il cavolo nella pentola a pressione e disponete le braciole col lato dorato verso l'alto, sopra il cavolo. Ora versate il brodo di pollo intorno ai bordi.

8. Ora rimane una sola cosa da fare.
9. Chiudete e bloccate il coperchio e fate alzare la pressione fino al massimo, a fuoco alto, poi abbassate il fornello al minimo necessario perché la pentola resti in pressione.
10. Cuocete per 6-9 minuti ad alta pressione. Fate poi sfogare la pressione.

Straordinarie Banane Cotte

Ingredienti:

- 1 cucchiaini di lievito in polvere
- Mezza tazza di zucchero
- 2 cucchiaini di sale
- 9 banane, quasi mature e senza buccia
- 1 tazza di burro
- ½ tazza d'acqua

Preparazione:

1. Radunate tutti gli ingredienti in un posto.
2. Aggiungete burro, lievito, zucchero, acqua e sale nella pentola a pressione.
3. Fate delle fette grosse con le banane e aggiungetele al composto.
4. Portate la pentola a pressione ad alta temperatura, una volta raggiunto il picco impostate la pressione sul livello basso.
5. Possiamo passare ora alla fase successiva, la più importante.

6. Lasciate cuocere le banane per 10 minuti, scuotendo la pentola ogni 7 minuti.
7. Usate il metodo di sfogo naturale della pressione e togliete la pentola dal fornello.
8. Una volta che la pentola è depressurizzata, usate un cucchiaio per mescolare i pezzi di banana.
9. Ora rimane una sola cosa da fare.
10. Ora riportare la pentola al massimo della pressione e cuocete le banane per altri 14 minuti.
11. Finito il tempo di cottura, lasciate che la pressione di sfiati e che le banane si raffreddino.
12. Annusate il profumo e servite.

Fantastico Stufato Di Manzo Fruttato Cotto A Pressione

Ingredienti:
- ½ tazza di ananas a pezzi
- 3 cucchiai d'olio di cocco
- 2 cucchiai di olio di mandorle
- 2 cipolle a fette
- 2 cucchiaini di salsa di soia
- ¼ di tazza di lamponi
- 2 etti di manzo a cubetti
- 1 cucchiaini di aglio in polvere
- Mezza tazza di carotine
- 2 cucchiaini d'aceto

Preparazione:
1. Radunate tutti gli ingredienti in un posto.
2. Prendete una ciotola a mettetevi dentro la carne.
3. Aggiungete il resto degli ingredienti.
4. Marinate la carne con tutti gli ingredienti tranne gli olii.

5. Possiamo passare ora alla fase successiva, la più importante.

6. Aggiungete l'olio.

7. Tenetene da parte un po', per metterlo nella pentola a pressione.

8. Accendete il fornello e mettete l'olio nella pentola.

9. Versate gli altri ingredienti nella pentola a pressione.

10. Mettete il coperchio e cuocete sul fuoco per circa 16 minuti.

11. Fate sfogare la pressione alzando i pesetti, dopo aver spento il fornello.

12. Ora rimane una sola cosa da fare.

13. Non togliete il coperchio finché tutta la pressione non è uscita.

14. Versate il contenuto e servite.

Gigantesco Burrito Messicano A Colazione

Ingredienti:
- 1 cucchiaini di sale
- 6 uova
- 1 avocado
- ½ tazza di pomodoro
- 1/4 - 1/2 tazza di coriandolo
- 1 - 2 cucchiai di olio d'oliva
- ¼ di tazza d'acqua
- Una tazza di fagioli neri
- ¼ di tazza di cipolla rossa
- 4 tortillas ripiene

Preparazione:
1. Radunate tutti gli ingredienti in un posto.
2. Ora, accendete il fornello e portatelo a fuoco medio, versate l'olio nella pentola a pressione e scaldatelo.
3. Aggiungete le uova e rosolate per diversi minuti prima di

aggiungere pomodoro, cipolla, coriandolo, acqua e sale.

4. Ora possiamo passare alla fase successiva, la più importante.

5. Bloccate il coperchio e impostate la pressione sul livello "ALTO". Cuocete per circa 6 minuti.

6. Nel frattempo, scaldate le tortillas in microonde o sul fornello. Quando le uova hanno terminato la cottura, spegnete il fornello e usate il metodo di rilascio rapido della pressione.

7. Dividete le uova in parti eque tra le tortillas.

8. Scolate i fagioli neri e distribuiteli equamente tra le tortillas.

9. Ora rimane una sola cosa da fare.

10. Affettate l'avocado e aggiungetelo ai burrito.

11. Piegate i burrito, assicurandovi che il ripieno non fuoriesca.
12. Annusate il profumo e servite

Salsicce, Peperoni E Cipolle Storiche

Ingredienti:
- 1 cucchiaini di aglio in polvere
- 3 peperoni verdi grandi, a fette
- 1 cucchiai di insaporitore italiano
- Una lattina di pomodoro a dadini
- Una lattina di salsa di pomodoro
- Una tazza d'acqua
- 12 salsicce
- 2 cucchiai di basilico

Preparazione:
1. Radunate tutti gli ingredienti in un posto.
2. Mescolate pomodori, basilico, aglio, salsa, acqua e insaporitore e versate il tutto nella pentola a pressione.
3. Possiamo passare ora alla fase successiva, la più importante.

4. Aggiungete le salsicce e i peperoni senza mescolare la salsa.

5. Ora rimane una sola cosa da fare.

6. Mettete e bloccate il coperchio, impostate la pressione sul livello "ALTO" e cuocete per circa 18 minuti.

7. Spegnete il fornello e usate il metodo di rilascio rapido della pressione.

8. Annusate il profumo e servite

Colazione Con Costolette Di Manzo E Sidro Di Mele King Size

Ingredienti:
- 1 cipolle rosse, a fette
- Una tazza di aceto di sidro di mele
- Un ramoscello di timo
- Una mela, sbucciata e a dadini
- 9 etti di arrosto di manzo
- Un ramoscello di rosmarino
- Uno-Due spicchi d'aglio, schiacciati
- Sale e pepe a piacere

Preparazione:
1. Radunate tutti gli ingredienti in un posto.
2. Metteteli nella pentola a pressione.
3. Ora rimane una sola cosa da fare.

4. Aggiungete sale e pepe a vostro gusto e cuocete ad alta pressione per un'ora e mezza.
5. Una volta finito, sfilettate il manzo e servitelo caldo con del pane.
6. Annusate il profumo e servite.

Fantasia Di Zampe D'agnello

Cosa hai bisogno

- ½ tazza di cipolle o porro tagliati malamente
- ramoscelli di rosmarino fresco, per contorno
- 5 tazze d'acqua
- 1 cucchiaino di sale marino
- 1 zampe d'agnello grandi o piccole, meglio tagliate
- 1-2 cucchiaio d'olio
- 1 -2 cucchiai di rosmarino fresco
- due grandi foglie di alloro
- ½ tazza di carote a dadi
- peperoni appena raccolti
- 1 cucchiai di aceto balsamico

Instruzioni

1. Assemblare tutti gli ingredienti insieme.
2. Cuoci l'olio nella pentola a pressione e combinalo con le

cipolle e carote . Cucina a fuoco medio-alto per un minuto o due agitando occasionalmente.

3. Ora dovresti aggiungere l'acqua, le foglie di alloro, il sale, le zampe d'agnello nella pentola e chiudere il coperchio.

4. Ora possiamo procedere con il passo successivo.

5. Usando un'alta temperatura portare la pentola ad alta pressione. Una volta che la pentola è ad alta pressione, ridurre il calore abbastanza da mantenere la pressione e cucinare per 25 minuti. Dopo 25 minuti spegnere il fuoco e permettere alla pressione di calare naturalmente prima di rimuovere il coperchio.

6. Rimuovere qualunque porro galleggiante sul liquido o bloccate sulle zampe dell'agnello. Ora controllare le

zampe per vedere se sono pronte

7. Se c'è bisogna più cottura riportare la pentola ad alta pressione per tre o cinque minuti e lasciare che la pressione si abbassi di nuovo naturalmente.

8. Rimane una cosa da fare. .

9. Una volta che la cucina è completa, mettere le zampe d'agnello su una tagliera e cospargerle di sale e pepe. Estrarre le foglie di alloro.

10. Ora scolare I porri e dopo sgrassare il brodo in un grosso separatore se avete insieme porri e brodo, rimetterli nella pentola a pressione e unirli con, l'aceto, il rosmarino, sale e pepe. Se necessario, riscaldare I porri.

11. Puoi scegliere di servire le zampe di agnello intere o

tagliarle. Se desiderate decorare ogni piatto usate un ramoscello di rosmarino.

12.	Sentite l'armoa, e ora potete servire.

Cucina A Pressione Dello Stufato D'agnello Esotico

Ingredienti
- 2 cucchiai di brodo o acqua
- Due-tre carote grandi
- Una cipolla grande
- Un quarto, un cucchiaio da te di sale marino per dare sapore
- Un ramoscello di rosmarino medio
- mezzo chilo/un chilo di stufato di carne d'agnello tagliata in cubetti
- Una foglia di alloro
- Cinque o sei spicchi d'aglio, a fette
- Una zucchina

Come preparare
1. Unire tutti gli ingredienti in un tavolo.
2. Iniziare a preparare I vegetali.

3. Sbucciare, e tagliare a cubi la zucchina e dopo tagliare le carote in cerchi spessi.

4. Ora possiamo procedere con il passo successivo.

5. A seguire sbucciare la cipolla e tagliarla a metà prima prima di tagliarla a mezze lune.

6. Dovreste aggiungere tutti I vostri ingredienti nella pentola a pressione e cucinare ad alta pressione o se si è in possesso di una zuppa o di una pentola per zuppa o stufato, usare quella.

7. Rimane da fare una sola cosa.

8. Cucinare per trentadue minuti.

9. Una volta finito il tempo lasciare che la pressione venga rilasciata e dopo togliere il coperchio.

10. Sentire l'aroma e servire.

Colazione Di Patate Croccanti Veloci

Di cosa hai bisogno:

- sale
- 1/2 tazza di prezzemolo tritato
- 1 cucchiai di burro da cucina
- succo di ½ limone
- Metà un chilo di patate, sbucciate e tagliate cubetti

Metodo di preparazione:

1. Unire insieme tutti gli ingredienti
2. adeguare la pentola a pressione con una pentola a vapore e combinare mezza tazza d'acqua.
3. Unire I cubi di patate alla pentola e cucinare ad alta pressione.
4. Ora possiamo procedere con il passo successivo.
5. Ora abbassare il calore al minimo ecucinare le patate per sette minuti; dopo utilizzare il

rilascio naturale e permettere alle patate di raffreddare per nove minuti.

6. Nel frattempo mettere il prezzemolo in una grande vaschetta: quando la padella è calda unire le patate.

7. Rimane da fare una cosa.

8. Lasciar rosolare le patate per un minuto prima di girarle.

9. Spegnere la fiamma e unire succo di limone e burro

10. Sentire l'aroma e servire.

Fantastiche Polpette Su Pentola A Vapore

Ingredients:
- 1 uova grandu
- 1 cucchiaini di erbe di stagione
- 3 cucchiai di burro
- Carne tritata di pollo o manzo, mezzo chilo
- Mezza tazza di sottilette
- Mezza tazza di parmigiano
- Sale
- Una tazza di cipolle tagliate
- 1-2 cucchiaini di pepe nero

Cosa fare
1. Unire insieme gli ingredienti.
2. Aggiungere olio in padella e unire le cipolle per quattro minuti.
3. Prendere una pentola e metterci la carne.
4. Ora aggiungere il resto degli ingredienti.

5. Aggiungere la cipolla fritta alla fine.

6. Ora possiamo passare al passo successivo.

7. Unire sale e spezie e combinarle bene.

8. Fare piccole palle di carne e lasciarle per mezz'ora.

9. Ora aggiungiamo le polpette alla pentola a pressione.

10.   Coprire la pentola per sei minuti.

11.   Rimane da fare una cosa.

12.   Rilasciare la pressione. Non aprire la pentola finché la pressione non è finita.

13.   Servire caldi.

14.   Mangiare!!

Hummus Ricorrente Di Tahini

Ingredienti:
- ¼ tazza d'olio d'oliva
- ½ succo di limone
- una foglia di alloro
- una cipolla tagliata
- 10 ceci tagliati
- ½ cucchiaino di sale
- 1/2 tazza di impasto tahini
- 5 tazze d'acqua

Come preparare:
1. Unire insieme tutti gli ingredienti.
2. Miscela ceci, la foglia di alloro, acqua, cipolla e sale nella pentola a pressione.
3. Coprire il coperchio e cucinare af alta pressione per un'ora e un quarto.
4. Ora possiamo procedere con il passo successivo.

5. Una volta fatto, permettere il raffreddamente per dodici minuti e mettere I ceci nel frullatore.
6. Rimane da fare una cosa.
7. Dovreste aggiungere il resto degli ingredienti e frullare.
8. Servire l'hummus fresco.
9. mangiare!!

Strati Di Bacon E Cheddar Reale

Di cosa hai bisogno:
- Una tazza di panna da montare
- mazza tazza di latte
- 1 tazze di spinaci piccoli
- 2 tazze di Cheddar grattuggiato
- 8 fette di bacon
- 5 cubetti di pane
- Sale e pepe per dare sapore
- Sale e pepe per dare sapore
- Otto-dieci uova sbattute

istruzioni:
1. Unire insieme tutti gli ingredienti.
2. Ordinare gli strati di bacon in fondo alla pentola a pressione.
3. Mischiare le uova, la panna, il latte, il pane, gli spinaci, sale e pepe in una scodella.
4. Ora possiamo procedere con il nuovo importante passaggio.

5. Versare la misciela sui pezzi di bacon.
6. Spargere gli strati con formaggio e coprire con il coperchio.
7. Rimane una cosa da fare.
8. Cucinare ad alta pressione per ventidue minuti.
9. Una volta fatto, permettere alla pentola di raffreddarsi e dopo aver rilasciato la pressione servire gli strati caldi
10. Servite e mangiate!!

Pollo Ligure Con Limone E Olive
Ingredienti:

- 1 limone per guarnire
- Mezzo mazzetto di prezzemolo, foglie e gambi
- Sale grosso e pepe
- 2 spicchi d'aglio
- Circa 100 g di olive verdi sotto sale
- Il succo di 3 limoni spremuti
- 100 ml di vino bianco
- 1 ramoscelli di salvia fresca
- 3 cucchiai di olio EVO
- 2 ramoscelli di rosmarino fresco
- 1 pollo intero tagliato senza pelle

Procedimento:

1. Mettete tutti gli ingredienti da parte.

2. Cominciate preparando la marinatura.
3. Tagliare finemente il prezzemolo, il rosmarino, la salvia e l'aglio.
4. Aggiungete alla marinatura il succo dei limoni, sale, pepe e l'olio EVO. Miscelate bene prima di mettere il composto da parte.
5. Rimuovete la pelle, ponete il pollo in un piatto profondo e copritelo con la marinatura. Coprite il piatto e mettetelo in frigorifero dalle 2 alle 4 ore.
6. Possiamo procedere al passaggio più importante.
7. Rosolate i pezzi del pollo nella pentola a pressione preriscaldata e oliata.
8. Sfumate il vino bianco nella pentola a pressione vuota fin quando non evapora quasi completamente.

9. Aggiungete prima le ali e le cosce, poi il resto del pollo, facendo attenzione a mettere il petto in cima in modo tale che non tocchi il fondo della pentola.

10. Cospargete il pollo con la restante marinatura. N.B. Se la vostra pentola a pressione è 8 quart o più grande, o un modello vecchio con la valvola che rilascia pressione durante la cottura, o una pentola elettrica, aggiungete acqua finché non raggiungerete la quantità minima raccomandata dal manuale della vostra pentola a pressione.

11. Ora chiudete e sigillate la vostra pentola a pressione e impostatela su fuoco alto. Una volta raggiunto il livello di pressione più alto, abbassate il fuoco, mantenendo sempre il

livello di pressione e lasciate cuocere per 8 minuti.

12.   Una volta rilasciata tutta la pressione, prendete il pollo, ponetelo su un piatto e copritelo con un foglio di alluminio.

13.   Ora riducete il sugo mettendo la pentola su fuoco medio-alto, senza coperchio e lasciate cuocere fin quando non sarà un quarto della salsa iniziale o fin quando non assumerà una consistenza simile allo sciroppo.

14.   Impiattate il pollo e decoratelo con rosmarino, olive e fettine di limone.

Pollo Con Super Salsa

Ingredienti:

- 1 cucchiai di cumino in polvere
- Sale grosso e pepe nero per insaporire
- 1 cipolla bianca tagliata a metà e affettata
- 1 barattolo da 400 g di pomodori pelati biologici in pezzi e scolati.
- 650 g di cosce di pollo con la pelle
- 300 g di salsa verde
- 40 g di burro biologico od olio di cocco
- 2 cucchiai di paprika

Procedimento:

1. Mettete tutti gli ingredienti da parte.
2. Si prega di fondere il burro o l'olio cocco a fuoco medio nella vostra pentola a pressione.

3. Si prega di stagione il pollo con sale e pepe e lasciatele dorare su ogni lato. Dopodiché mettetelo da parte.

4. Aggiungete le cipolle alla pentola e rosolatele per pochi minuti prima di aggiungere i pomodori, il cumino, la salsa verde, il pepe e la paprika. Mescolate accuratamente.

5. Aggiungete il pollo e sigillate il coperchio. Portate a pressione e abbassate il fuoco il più possibile, facendo in modo che il livello di pressione non sia alterato. Cuocete per 18 minuti.

6. Gustatelo!

Insalata Di Avocado E Albume

Ingredienti:
- 5 uova
- 2 cucchiaini di succo di limone
- Un gambo di sedano affettato
- Un cucchiaino raso di pepe nero
- Una mela "Granny Smith" a cubetti
- 2 cucchiai di maionese
- Mezzo cucchiaino di sale
- 1 o 2 cucchiai di prezzemolo
- Un avocado a cubetti
- Un pizzico di pepe di Caienna

Procedimento:
1. Mettete tutti gli ingredienti da parte.
2. Riempite la pentola a pressione con circa 220 ml d'acqua
3. Mettete le uova nel cestello a vapore e abbassatelo nella pentola a pressione.
4. Impostate la pressione su LOW e lasciate cuocere per 6 minuti.

5. Passato questo tempo, spegnete la pentola a pressione.

6. Aspettate 6 minuti e poi utilizzate il metodo di rilascio rapido.

7. Lasciate raffreddare le uova in acqua fredda con ghiaccio per circa mezz'ora.

8. Una volta che le uova si sono raffreddate, tagliatele a cubetti e unitele all'avocado e al resto degli ingredienti, poi servite.

Patate Al Vapore Con Frutta

Ingredienti:
- 50 ml di panna montata
- 3 cucchiai di succo di limone
- Sale e pepe q.b.
- 100 ml di succo d'ananas
- 100 ml di succo d'arancia
- 2 cucchiai di zenzero grattugiato
- 3 patate

Procedimento:
1. Mettete tutti gli ingredienti da parte.
2. Mettete tutti gli ingredienti tranne la panna nella pentola a pressione.
3. Mescolate bene prima di accendere la pentola.
4. Coprite la pentola e accendete il fornello.
5. Lasciate cuocere a vapore per 7 minuti.

6. Spegnete il fornello e lasciate defluire la pressione alzando i pesi.
7. Rimuovete il composto dalla pentola a pressione.
8. Lasciate raffreddare.
9. Si prega di aggiungere la panna un po 'alla volta e mescolate bene.
10.   Lasciate il composto in frigorifero per circa un'ora e poi servite.

Barrette Energetiche Alla Quinoa

Ingredienti:
- 35 g di quinoa
- 1 cucchiai di sciroppo d'acero
- Un pizzico di sale
- 1 cucchiai di semi di chia
- Mezzo cucchiaino di cannella
- 40 g di burro di mandorla
- 1 uova grandi
- 45 g di mandorle tostate
- 45 g di mele essiccate
- 235 ml di latte di mandorla alla vaniglia
- 75 g di uvetta

Procedimento:
1. Mettete tutti gli ingredienti da parte.
2. Oliate il fondo della pentola a pressione e mettetelo da parte.
3. Combinate il burro di mandorle e lo sciroppo d'acero e metteteli nel microonde per 30 secondi o

finché il burro non diventa cremoso.

4. Mescolate e aggiungete il latte di mandorla, la cannella e il sale.

5. Mescolate fin quando tutti gli ingredienti non sono ben amalgamati.

6. Aggiungete le uova e continuate a mescolare.

7. Aggiungete il resto degli ingredienti e versate all'interno della pentola a pressione.

8. Lasciate cuocere su LOW per 40 minuti o finché la superficie delle barrette non è ben ferma.

9. Utilizzate il metodo di rilascio naturale e tagliate le barrette con un coltello.

10.   Servite.

Straccetti Di Maiale Grigliati Per Sandwich Del Mattino

Ingredienti:

- 220 g di salsa barbecue
- 2 cipolle tagliate ad anelli
- 100 ml d'acqua
- Sale e pepe per insaporire
- 1 o 2 cucchiai di mostarda di Digione
- Mezzo cucchiaino/un cucchiaino di peperoncino in polvere
- 1 kilo di porchetta
- 1 foglia di alloro.
- 200 g di ketchup
- 1 cucchiaini di salsa Worchestershire.
- 1 cucchiai di aceto di sidro di mele

Procedimento:

1. Mettete tutti gli ingredienti da parte.

2. Aggiungete le cipolle, il ketchup, la salsa barbecue, l'aceto di mele, la mostarda, il peperoncino in polvere, l'acqua e la foglia di alloro nella pentola a pressione.
3. Ora possiamo procedere al passaggio più importante.
4. Insaporite la porchetta con sale e pepe e mettetela sulla salsa.
5. Ora rimane una sola cosa da fare.
6. Coprite la pentola e impostate il livello di pressione su basso e lasciate cuocere per un'ora. Impostate il livello su alto e lasciate cuocere per un'altra ora.
7. Una volta cotta, tagliate la carne in straccetti e servitela calda.

Squisita marmellata di mele Chai

Quello che vi serve:

- 3/4 di tazza di zucchero
- 1/4 - 1 cucchiaini di zenzero macinato
- 1-2 cucchiaini di cardamomo macinato
- 2 cucchiaini di cannella macinata
- 3-4 mele grannysmith
- Succo di un limone
- 6 chiodi di garofano
- 1/4 – 1/2 cucchiaino di noce moscata
- Un baccello di anice stellato

Istruzioni:

1. Mettete insieme tutti gli ingredienti.

2. Adesso preparate le mele sbucciandole, togliendo i torsoli e tagliandole a dadini.

3. Mettete le mele così preparate nella pentola a pressione.

4. Adesso arriva la parte più importante.

5. Aggiungete le spezie e usate il mortaio e pestello per triturare tutto insieme.

6. Mischiate le spezie con il limone e lo zucchero e versatelo sulle mele, assicurandovi che le mele siano ricoperte del tutto.

7. Adesso rimane solo un'ultima cosa da fare.

8. Chiudete e bloccate il coperchio; cucinate per circa ventidue minuti a fuoco BASSO.

9. Una volta che la cottura è completa, usate il metodo del Rilascio Naturale. Una volta che

la marmellata si è raffreddata, versare in vasetti sterilizzati.

10. Adesso potete mangiarla.

Leggendaria COLAZIONE ALLA QUINOA

Ingredienti:

- Un pizzico di sale
- 2 cucchiai di sciroppo d'acero
- 1/2 cucchiaino di cannella
- 2-3 tazze di acqua
- 1/2-1 tazze di quinoa cruda
- 1/2-1 cucchiaino di estratto di vaniglia

Istruzioni:

1. Mettete insieme tutti gli ingredienti.
2. Aggiungete la quinoa e gli altri ingredienti e mettete tutto nella pentola a pressione e cucinate insieme all'acqua.
3. Chiudete il coperchio, usate la fiamma ALTA e cucinate per cinquantadue secondi.

4. Adesso arriva la parte più importante.
5. Spegnete immediatamente la pentola a pressione e usate il Rilascio Naturale per 13 minuti.
6. Adesso rimane solo una cosa da fare.
7. Usate il Rilascio Istantaneo per eliminare la pressione residua.
8. Una volta che la pressione si è assestata, togliete il coperchio e rendete soffice la quinoa.
9. Adesso potete mangiarla.

La nuova cremosa zuppa di funghi

Ingredienti:

- Sale e pepe per condire
- Uno scalogno, spezzettato
- Mezza tazza di panna da montare
- Mezzo chilo di funghi, affettati
- 3 spicchi di aglio, spezzettati
- 1 cucchiai di burro
- 60 grammi circa di funghi Shiitake, affettati
- 1 tazze di acqua

Istruzioni:

1. Mettete tutti gli ingredienti insieme.
2. Mescolate tutti gli ingredienti nella pentola a pressione.
3. Adesso arriva la parte più importante.

4. Adesso dovete aggiungere sale e pepe a piacere e cucinate ad alta pressione per dodici minuti.
5. Adesso rimane solo una cosa da fare.
6. Una volta finito, lasciate raffreddare per qualche minuto, poi rilasciate la pressione.
7. Frullate la zuppa con un frullatore a immersione e servite al più presto.
8. Assaporate l'aroma e servite.

Delizioso YOGURT FATTO IN CASA

Ingredienti:

- 1/2 tazza di yogurt con fermenti attivi
- 3 litri di latte
- 1 cucchiai di estratto di vaniglia o se preferite una bacca di vaniglia
- 2 cucchiai di latte in polvere

Come prepararlo:

1. Mettete insieme tutti gli ingredienti.
2. Mescolate insieme il latte e il latte in polvere nella pentola a pressione.
3. Mettete il coperchio e chiudetelo; portate il latte a bollore.

4. Adesso arriva la parte più importante.

5. Cucinate la mistura per circa un'ora.

6. Lasciate raffreddare fino a 40°, dopodiché potete aggiungere lo yogurt fermentato e la vaniglia.

7. Chiudete nuovamente il coperchio, impostate su YOGURT e lasciate incorporare gli ingredienti per circa 7 ore.

8. Adesso resta una cosa da fare.

9. Dopo il periodo di incubazione, scolate lo yogurt per 30 minuti.

10. Mescolate lo yogurt per dargli consistenza e servite oppure conservate.

11. Adesso potete mangiarlo.

12. È una ricetta molto facile e veloce. Scommetto che la adorerete.

13. Che cosa state aspettando? La ricetta suprema è proprio qui!! Imparatela a memoria.

Squisita avena Pongal

Quello che vi serve:

- 1/4 di tazza di moongdal
- 1/4-1/2 cucchiaino di zenzero sminuzzato
- Un pizzico di curcuma
- 1/4 di cumino
- 1/2 tazza di spinaci
- Mezza tazza di anacardi
- Sale
- Grani di pepe nero
- 1-2 cucchiai di burro indiano
- Un pizzico di Hing
- 1-2 tazze di acqua
- Una ramoscello di foglie di curry
- Una tazza di fiocchi d'avena

Istruzioni:

1. Mettete insieme tutti gli ingredienti.

2. Cominciate a spogliare i gambi e lavate gli spinaci.
3. Scolate e battete, sminuzzate gli spinaci, poi mettete da parte.
4. Adesso arriva la parte più importante.
5. Ripulite il moong dal; cucinate insieme l'avena, gli spinaci e una tazza e mezza di acqua a fiamma alta fin quando gli spinaci non appassiscono.
6. Adesso rimane solo una cosa da fare.
7. In una padella per friggere, riscaldate il burro indiano e poi friggete gli anacardi con le spezie.
8. Usate la valvola di sfogo; quando il Pongal avrà perso tutta la pressione, togliete il coperchio e aggiungete gli anacardi per insaporire l'avena.
9. Assaporate l'aroma e servite.

Adorabilepasticcio di fagioli neri

Ingredienti:

- Sale e pepe per condiré
- Uno-due scalogni, sminuzzati
- Una tazza di latte condensato
- 1 tazza di mais in scatola, scolato
- 5 uova sbattute
- Un peperone rosso, snocciolato e tagliato a cubetti
- Uno-due cucchiai di coriandolo tritato
- Una scatoletta di fagioli neri, scolati
- Una patata, sbucciata e fatta a cubetti

Istruzioni:

1. Mettete tutti gli ingredienti insieme.

2. Si prega di mescolare tutti gli ingredienti in una ciotola e poi condite con sale e pepe.

3. Adesso possiamo procedere con il successivo e più importante passo.

4. Adesso versate circa una tazza di acqua nella pentola a pressione e poi mettete un sottopentola di metallo sul fondo.

5. Allo stesso tempo, ingrassate una padella a fondo basso che possa entrare nella pentola con il burro o l'olio.

6. Versate le uova e il miscuglio di verdure nella padella precedentemente preparata e poi poggiate la padella nella pentola.

7. Adesso rimane una cosa da fare.

8. Coprite la pentola e cucinate ad alta pressione per 7 minuti.

9. Adesso potete servire il pasticcio bello caldo.
10. Assaporate l'aroma e servite.

SALSA DI MELE fantasia

Ingredienti:
- Uno/Due cucchiaini di cannella
- ¼ di tazza di zucchero
- ¼ di tazza di acqua o succo di mele
- 12 mele Jonagold sbucciate, senza torsolo e a fette

Preparazione:
1. Mescolate tutti gli ingredienti in una ciotola.
2. Versateli nella pentola a pressione.
3. Possiamo passare ora alla fase successiva, la più importante.
4. Chiudete la valvola del coperchio, regolate la potenza al massimo e lasciate che le mele cuociano per circa 4 minuti una volta che la pentola ha raggiunto la pressione massima.

5. Una volta che le mele hanno finito di cuocere usate il metodo del rilascio rapido.
6. Ora rimane una sola cosa da fare.
7. Mescolate il composto per rompere i pezzi più grossi e rendere il tutto una salsa dalla consistenza uniforme. Se volete una consistenza più morbida, usate un frullatore a immersione per rompere ogni possibile grumo restante..
8. Annusate il profumo e servite.

Porridge di Carote Mistico

Ingredienti:
- 1 cucchiai di burro
- 2 cucchiaini di cannella
- 1 cucchiaini di spezie per torta di zucca
- 3 tazze d'acqua
- 1/4 – 1/2 cucchiaino di sale
- Una tazza di carote grattuggiate
- 2 - 3 cucchiai di sciroppo d'acero
- ¾ di tazza di uvetta
- 1 tazza di fiocchi d'avena integrali
- ¼ di tazza di semi di chia

Preparazione:
1. Radunate tutti gli ingredienti in un posto.
2. Iniziate mettendo nella pentola a pressione il burro e facendolo rosolare.

3. Possiamo passare ora alla fase successiva, la più importante.

4. Una volta che il burro si è completamente sciolto, aggiungete i cereali e mescolate per circa 5 minuti. Poi aggiungete le spezie, le carote, l'acqua, il sale e lo sciroppo, cuocete ad alta pressione per 13 minuti.

5. Una volta conclusa la cottura, fate sfogare naturalmente la pressione e lasciate che il composto si raffreddi per circa 12 minuti.

6. Ora rimane una sola cosa da fare.

7. Fate sfogare velocemente la pressione restante prima di togliere il coperchio.

8. Dopo aver mescolato i cereali, aggiungete l'uvetta e i semi di chia. Coprite il porridge e lasciatelo riposare per 5/10

minuti o finché il porridge non ha raggiunto la giusta consistenza.

9. Annusate il profumo e servite

Fantastica Quiche di Pancetta senza crosta

Ingredienti:

- Sale e pepe a gusto
- 5 fette di pancetta, a pezzi
- Una tazza di formaggio cheddar grattuggiato
- Una-Due salsicce, a fette
- 4 uova, sbattute
- 1 tazza di mais dolce, scolato
- 1/2 di tazza di latte intero
- Una cipolla verde, a pezzi

Preparazione:

1. Radunate tutti gli ingredienti in un posto.
2. Versate circa una tazza d'acqua sul fondo della pentola e poggiatevi dentro una griglia metallica.
3. Preparate una piccola teglia che stia nella pentola.
4. Possiamo passare ora alla fase successiva, la più importante.

5. Mescolate le uova, le salsicce, la cipolla verde, il latte, il mais, la pancetta, sale e pepe in una ciotola.

6. Versate il composto nella teglia preparata e cospargetelo con il formaggio.

7. Cuocete ad alta pressione per 30 minuti.

8. Spegnete il fornello e lasciate che la mistura si raffreddi per 14 minuti e poi fate sfogare la pressione.

9. Ora rimane una sola cosa da fare.

10. Aprite la valvola e versate la quiche sul tavolo.

11. Potete servire freddo o caldo.

12. Annusate il profumo e servite.

Leggendaria Frittata All'Italiana

Ingredienti:
- 2 uova
- Pepe di Cayenna
- 2 patate lesse
- 1 tazza di latte
- Insaporitore e sale
- Formaggio parmigiano
- 1 tazze di mozzarella
- 320 gr di spinaci surgelati
- 2 cucchiai di maionese

Preparazione:
1. Radunate tutti gli ingredienti in un posto.
2. Ungete la pentola a pressione e impostatela su "ALTO".
3. Tagliate le patate a fettine sottili e cospargeteli con il parmigiano e l'insaporitore; sul fondo della pentola mettete i pezzi di patata.

4. Scongelate gli spinaci in microonde con alcuni cucchiaini d'acqua.

5. Possiamo passare ora alla fase successiva, la più importante.

6. Scolate gli spinaci una volta scongelati e spremete l'acqua residua con una spatola.

7. In una ciotola, mescolate cipolla in polvere, aglio, formaggio e maionese con un po' di pepe di Cayenna, se volete.

8. Versate la mistura di maionese sopra le patate. Aggiungete sopra gli spinaci.

9. Ora rimane una sola cosa da fare.

10. Ora in un'altra ciotola, si prega di mescolare le uova, il latte,sale e pepe; versate il tutto su patate e spinaci.

11. In cima mettete altro formaggio.

12. Chiudete la valvola e cuocete per circa 4 minuti; una volta finito di cuocere, usate il metodo di rilascio rapido della pressione per riportarla a livello normale.
13. Annusate il profumo e servite

Gustoso Impasto di Semi di Soia e Ceci

Ingredienti:
- 320 gr di ceci essiccati
- Il succo di un limone
- 1 tazza di olio d'oliva
- 4 tazze d'acqua
- 1 etto circa di fagioli di soia
- 1 foglia di allora
- Sale e pepe a gusto
- 1/2 cipolla, a fette

Preparazione:
1. Radunate tutti gli ingredienti in un posto.

2. Mescolate fagioli di soia, ceci, acqua, alloro e cipolla nella vostra pentola a pressione.

3. Coprite la pentola e cuocete ad alta pressione per 1 ora e ¼.

4. Possiamo passare ora alla fase successiva, la più importante.

5. Una volta finito, fate sfiatare la pressione con attenzione e mescolate.

6. Ora rimane una sola cosa da fare.

7. Aggiungete il succo di limone e l'olio d'oliva, oltre a sale e pepe e sbattete fino ad avere un composto omogeneo e cremoso.

8. Annusate il profumo e servite.

Super Colazione con Fagioli Rossi e Salsicce

Ingredienti:

- Sale e pepe a piacere
- Una tazza di pomodori a dadini
- Una foglia d'alloro
- 1 cipolla rossa, a fette
- 1/2 cucchiaino di condimento Cajun
- 1 spicchio d'aglio, a pezzi
- ½-1 tazza d'acqua
- 1 salsicce, a fette
- Una ramoscello di timo
- Un barattolo di fagioli rossi, essiccati

Preparazione:

1. Radunate tutti gli ingredienti in un posto.
2. Mescolate tutti gli ingredienti nella vostra pentola a pressione.
3. Ora rimane una sola cosa da fare.

4. Aggiungete sale e pepe e cuocete ad alta pressione per 10 minuti.
5. Ora lasciate raffreddare per 10 minuti e poi sfiatate la pressione.
6. Annusate il profumo e servite

Costolette d'agnello Fantasia con Salsa alle erbe

Ingredienti:

- Salsa piccante, 1 cucchiaini
- Aceto 2 - 3 cucchiai
- Carne d'agnello a cubetti, 250-400 gr
- Una tazza di peperoni
- 1/2-1 mezza tazza di brodo di agnello
- 4 cucchiai di burro
- 1 tazza di Sottilette
- Due cipolle a pezzi
- 1 cucchiaini di sale o a gusto
- 1/2 tazza di panna montata
- 1/2 - 1 tazza di olio extra-vergine di oliva
- 1 cucchiaini di pepe nero o a gusto
- 4 grossi spicchi d'aglio

Preparazione:

1. Radunate tutti gli ingredienti in un posto.
2. Prendete una padella e versatevi tutte le verdure, pronte per essere fritte con l'olio d'oliva, e accendete il fornello a fuoco medio, mescolate continuamente finché la carne d'agnello bagnata e le verdure sono cotte.
3. Usate una padella profonda e trasferitevi tutto il composto.
4. Aggiungete tutto, tranne il brodo d'agnello, e mescolate bene.
5. Possiamo passare ora alla fase successiva, la più importante.
6. Mettete tutto nella pentola a pressione.
7. Aggiungete il brodo.
8. Si prega di coprire il piatto e cuocere sulla stufa per circa 20 minuti.

9. Fate sfogare la pressione tramite le valvole e spegnete il fornello.

10. Ora rimane una sola cosa da fare.

11. Non togliete il coperchio finché tutta la pressione non ha sfiatato.

12. Mettete il tutto su un piatto da portata, decorate con foglie di coriandolo o di basilico (facoltativo).

13. Annusate il profumo e servite

14. Questa è una ricetta preziosa. Ottima e semplice!!

BACON BRASATO Salutare

Ingredients:
- 1 ramoscelli di timo fresco
- 1½ tazze d'acqua
- Una cipolla gialla a pezzi
- Mezzo chilo-un chilo di bacon o pancetta

Instructions:
1. Assemblare tutti gli ingredienti insieme.
2. Posizionare le fette di bacon, il timo e la cipolla nella pentola a pressione con l'acqua.
3. Ora possiamo procedere con il successivo passo importante.
4. Chiudere il coperchio e mettere il fuoco ALTO. Quando la pentola a pressione inizia a sibilare ridurre il calore e cucinare per ventidue minuti.
5. Rimane da fare una sola cosa.

6. Usare il metodo di rilascio veloce e permettere alla pressione di calare.

7. Eliminare qualunque liquido avanzato dalla cottur r spostare il bacon in un piatto, lasciandolo raffreddare a temperatura ambiente.

8. Sentire l'odore e servire.

Tip: Prova a cucinarlo lentamente.

Uova marmotizzate in vecchio stile cinese

Di cosa hai bisogno:

- Uno cucchiai di bacche
- 1/2 salsa di soia
- 2 buste da thé nero
- Due foglie di alloro
- Uno o due cucchiai di olio di garofano.
- 2 uova. Fortemente bollita e raffreddata.
- 1 cucchiai di pepe nero

Come preparare:

1. Riunire tutti gli ingredienti in un tavolo.
2. Iniziare rompendo il guscio delle uova con il retro del cucchiaio; poi lasciare.
3. Aggiungere tutti gli ingredienti con una tazza d'acqua in un contenitore, tutti TRANNE le uova e la salsa di soia.

4. Ora possiamo procedere con il passo più importante.

5. Far bollire la miscela e dopo mischiare la salsa di soia e mettere a mollo le uova.

6. Aggiungere altra acqua necessaria per mettere interamente a mollo le uova.

7. Aggiungere una tazza d'acqua nella pentola a pressione con una pentola a vapore.

8. Attentamente aggiungere dal contenitore alla pentola a pressione, bloccare il coperchio e far raggiungere alla pentola il calore massimo.

9. Raggiunto il picco cambiare le impostazioni in basso e cucinare per 20 minuti.

10. Rimane da fare una cosa.

11. Spegnere e usare il metodo di rilascio naturale: lasciare che le uova si raffreddino per circa venti minuti.

12. Rimuovere il coperchio e servire o mettere da parte
13. Mangiare!!

Budino di pane e frutta secca stupenda

Di cosa hai bisogno:
- 3 uova sbattute
- 1/2 di tazza di mirtilli secchi
- Un cucchiaio di polvere di cannella
- ¼ di tazza di albicocca secca affettata
- Una tazza di cubetti di zucca
- 6 pezzi di pane a cubi
- 2 tazze di latte
- Mezza tazza di uva passa
- 1/2 di tazza di zucchero
- 1 cucchiai di burro sciolto

Come preparare:
1. Unire insieme tutti gli ingredienti.
2. Aggiungere il pane, l'uva passa, I mirtilli, le albicocche e la zucca nella pentola a pressione.

3. Ora possiamo procedere con il passo più importante.
4. Miscelare latte, zucchero, uova, burro e la cannella in una scodella.
5. Mettere la miscela sopra il pane.
6. Rimane da fare solo una cosa.
7. Per favore coprire la pentola e cucinare a bassa pressione per 20 minuti.
8. Servire il budino caldo o al massimo tiepido.
9. Mangiare!!

Perfetta Quinoa pera e cannella

Di cosa hai bisogno:

- 1/2 tazza di zucchero
- 1 tazza di quinoa rossa,sciaquata
- Un pizzico di sale
- Una tazza di latte di cocco
- 1 pere, pulite e tagliate
- Una stecca di cannella
- 1/2 tazza d'acqua
- 1 stella d'anice

Cosa fare:

1. Unire insieme tutti gli ingredienti.
2. Mettere insieme tutti gli ingredienti nella pentola a pressione
3. possiamo procedere con il passo .
4. Coprire e cucinare ad alta pressione per 11 minuti.
5. Rimane da fare solo una cosa.

6. Una volta fatto spegnere il calore e far raffreddare per dodici minuti. Rilasciare la pressione e servire la quinoa fredda.
7. Mangia!!

PANE BIANCO SUPER VELOCE

Di cosa hai bisogno:
- 1 ¼ tazza di yougrt al latte
- 2 tazze di farina multi uso
- ½ cucchiaio di bicarbonato di sodio
- 1 cucchiai di olio d'oliva
- 1 cucchiai di sale

Cosa fare:
1. Unire insieme tutti gli ingredienti insieme.
2. Usa l'olio d'oliva per lubrificare il contenitore.
3. In una ciotola separata, unire farina, bicarbonato e sale.
4. Ora possiamo procedere con il passo successivo.
5. Aggiungiamo yogurt. Prestare attenzione che non fuoriesca.
6. L'impasto dovrebbe essere consistente e morbido-prendete dei fiocchi da incorporare nell'impasto.

7. Trasformare l'impasto in una sfera.

8. Se la miscela non si incorpora aggiungere acqua.

9. Impastare per uno, massimo due minuti per far unire l'impasto.

10. Mettere l'impasto nel contenitore con l'olio.

11. Coprire il contenitore cone un coperchio e lasciar espandere il pane.

12. Preparare una griglia dentro la pentola a pressione; abbassare il contenitore sulla griglia.

13. Si prega di riempire il fornello a pressione con acqua calda fino a metà contenitore prima di coprire la pentola.

14. Procedi cuocendo ad ALTO per 20 minuti.

15. Una volta finito il tempo, usare il metodo di Rilascio naturale ed aspettare che la pressione si abbassi.

16. Rimane da fare una cosa
17. Dopo che la pressione viene rilasciata, rimuovere il contenitore e usare uno stuzzicadenti per vedere se l'impasto è pronto.
18. Se finito, rimuovere l'impasto dal conenitore e far raffreddare per massimo dodici minuti.

Torta di carote storica con farina d'avena

Di cosa hai bisogno :

- ½-1 cucchiaio di polvere di cannella
- una e mezza tazze di fiocchi d'avena
- Una tazza di ananas schiacciata
- ¼ tazza di semi di sesamo
- Una tazza d'acqua
- 1 tazza di uvetta dorata
- Uno-due cucchiai di burro
- ¼ tazza di sciroppo d'acero
- Una tazza di carote grattuggiate
- Mezzo-un cucchiaiono di zenzero
- 1 cucchiaino di sale
- Una tazza di latte di mandorla

Come preparare:
1. Unire tutti gli ingredienti insieme.

2. Unire tutti gli ingredienti nella pentola a pressione.
3. Ora possiamo procedere con il passo successivo
4. Chiudere il coperchio e cucinare ad alta pressione per 11 minuti.
5. Rimane da fare solo una cosa da fare.
6. Una volta fatto, lasciar raffreddare per venti minuti e dopo rilasciare la pressione.
7. Potete servire la torta.
8. Sentire l'odore e mangiare

Storico pasticcio da colazione

Ingredienti:
- 100 ml d'acqua
- Olio da cucina spray
- 300 g di bacon cotto e sbriciolato
- 10 patate medie, pelate e schiacciate
- 130 g di formaggio grattugiato
- 10 uova sbattute

Procedimento:
1. Mettete da parte tutti gli ingredienti.
2. Oliate la vostra pentola a pressione.
3. Rosolate le patate nella pentola finché non diventano ben dorate.
4. Aggiungete il resto degli ingredienti e mescolate con una frusta.

5. Chiudete il coperchio della pentola a pressione.
6. Mettete la pentola su fuoco alto per 5 minuti.
7. Aprite il coperchio della pentola e lasciate defluire il vapore.
8. Rimuovete la ciotola dalla pentola e mescolate con una frusta.
9. Servite con pane tostato.
10. Gustatelo!

Fiocchi d'avena alla mela e cannella

Ingredienti:
- Un pizzico di sale
- 800 ml di acqua
- 30 g di burro
- 20 g di zucchero di canna
- 2 cucchiaini di cannella
- Una mela grande, pelata, tagliata a dadini e priva del torsolo.
- 90 g di fiocchi d'avena

Procedimento:
1. Mettete tutti gli ingredienti da parte.
2. Selezionate l'opzione "rosolare" sulla vostra pentola a pressione e aggiungete il burro.
3. Una volta sciolto il burro, aggiungete i fiocchi d'avena, mischiando continuamente,

fino a quando questi non inizieranno a scurirsi.

4. Dopo circa 6 minuti aggiungete zucchero, la mela, l'acqua, la cannella e il sale. Sigillate il coperchio, impostate la temperatura su "alto" e lasciate cuocere per 10 minuti.

5. Utilizzate il metodo del rilascio naturale e lasciate defluire la pressione per 8 minuti. Dopodiché utilizzate il metodo di rilascio rapido per eventuale pressione rimasta.

6. Una volta che la valvola è caduta, rimuovete il coperchio, date una mescolata ai fiocchi d'avena e lasciate riposare da 5 a 8 minuti.

7. Servite con latte, noci, nocciole o zucchero di canna.

8. Non vi resta che gustarlo!

Uova en cocotte

Ingredienti:

- 100 ml di panna
- Un cipollotto a cubetti
- 1 fette di bacon sminuzzate
- 1 cucchiai di prezzemolo sminuzzato
- 3 uova sbattute
- Sale e pepe per insaporire

Procedimento:

1. Mettete tutti gli ingredienti da parte.
2. Miscelate tutti gli ingredienti in una ciotola.
3. Insaporite il composto con sale e pepe, poi versatelo in quattro pirottini in ceramica.
4. Versate 220 ml d'acqua nella pentola a pressione.
5. Mettete una griglia o un sottopentola in metallo sulla pentola e ponetevi i pirottini.

6. Sigillate la pentola a pressione e lasciate cuocere 5 minuti su HIGH.

7. Ora potete servire le vostre uova.

Frittelle di patate con bacon

Ingredienti:
- Sale e pepe per insaporire
- 40 g di burro
- 1 cucchiai di olio EVO
- Uno scalogno affettato
- 720 g di patate pelate e a cubetti
- 5 fette di bacon a pezzetti

Procedimento:
1. Mettete tutti gli ingredienti da parte.
2. Sciogliete il burro nella pentola a pressione, aggiungete l'olio e il bacon e cuocete finché quest'ultimo non diventa croccante.
3. Aggiungete lo scalogno e rosolate per 4 minuti.
4. Aggiungete il resto degli ingredienti con sale e pepe per insaporire.

5. Coprite la pentola e lasciate cuocere per 11 minuti su HIGH.
6. Dopodiché ritirate dal fuoco e lasciate raffreddare per 10 minuti.
7. Rilasciate la pressione e servite le frittelle calde.

Natto

- 420 g di fagioli di soia essiccati
- Mostarda gialla giapponese per insaporire
- Acqua
- 1 cucchiaini di salsa di soia
- 10 g di cipollotto
- 1 cucchiai di fiocchi di palamata
- Una lattina di natto preconfezionato

Procedimento:
1. Mettete tutti gli ingredienti da parte.

2. In una grande ciotola lasciate in ammollo i fagioli in 2 litri d'acqua.

3. Scolate i fagioli e aggiungeteli alla pentola a pressione con 720 ml d'acqua fresca.

4. Lasciate che la pentola raggiunga la temperatura più bassa possibile per ottenere alta pressione e lasciate cuocere 18 minuti.

5. Utilizzate il metodo di rilascio rapido e mischiate il natto con gli altri ingredienti.

6. Coprite con un canovaccio e sigillate il coperchio.

7. Mettete la pentola nel freezer o nel frigo, coperto da un cuscino termico elettrico e lasciatelo 20 ore prima di servire.

Farina d'avena con vaniglia e mandorle

Ingredienti:
- Mandorle affettate
- Sciroppo d'acero a piacere
- 1 cucchiaini di estratto di vaniglia
- 95 g di farina d'avena
- 250 ml di latte di soia
- Zucchero di canna a piacere
- Un cucchiaino raso di sale

Procedimento:
1. Mettete tutti gli ingredienti da parte
2. Aggiungete la farina d'avena, il latte di soia, la vaniglia, mandorle e il sale nella pentola a pressione impostata su HIGH.
3. Sigillate il coperchio e lasciate cuocere per 8 minuti una volta che sarà raggiunta la giusta temperatura.

4. Una volta cotto, utilizzate il metodo di rilascio naturale per far raffreddare e depressurizzare la farina d'avena.
5. Decorate con noci e mandorle.
6. Dolcificate con sciroppo d'acero e zucchero di canna.
7. Servite.

Zuppa di pollo e orzo
Ingredienti:
- 1 cipolla sminuzzata
- 700 g di zucca violina
- 1 carota tagliata a dadini
- 1 o 2 cucchiai di olio EVO
- 1 petti di pollo tagliati a cubetti
- Una foglia di alloro
- Sale e pepe per insaporire
- 100 g di orzo
- 220 g di pomodori tagliati a dadini
- 1 litro e mezzo di acqua
- Un peperone rosso tagliato a dadini e privato del torsolo
- 1 gambo di sedano sminuzzato
- 1 cipollotto sminuzzato
- 1 cucchiai di prezzemolo sminuzzato

Procedimento:
1. Mettete tutti gli ingredienti da parte.
2. Aggiungete tutti gli ingredienti nella pentola a pressione.

3. Aggiungete sale e pepe per insaporire e sigillate il coperchio.
4. Lasciate cuocere su "alto" per 15 minuti.
5. Lasciate raffreddate per 15 minuti e rilasciate la pressione.
6. La zuppa va servita calda.
7. Assaporatene il profumo e servite.